全新版

華語

第六冊

……事業股份有限公司
http://www.chlearn.com

編輯要旨

一、本書為適應世界各地華僑學校需要而編寫，全書共分十二冊，提供世界各地華僑小學、中學使用。各地區可因應個別需要，一年使用一冊或二冊，教材設計上，也儘量符合這二種需求。

二、本書課程設計，採「語」「文」並重；選擇在「第二外國語言」和「本國語文」中找出一個平衡點。每一課的「語文活動」中，大都有「對話練習」，滿足語言在日常生活的應用需求；每課課文，又充滿了文學、文化的趣味性與人文關懷。

三、本書重視語言文字的統整學習。每課的語文活動，將文字的形、音、義、詞語、句型、章法等，系列地歸納出概念原則，幫助孩子快速有效的學習。在教學指引中，更設計生動活潑的語文遊戲，為孩子的學習帶來歡笑。

四、本書為使學生能學習正確的華語，編寫時特別採用「國語注音符號」。附錄中對每課生字、新詞均附通用拼音、漢語拼音及英文解釋，以供參考。

五、本書所用生字，至第六冊約為八百字，至第十二冊約為二千四百字，按教育部編「常用兩千八百字彙編」的字頻編寫。字由淺而深，在課文或語文活動、習作中，有反覆練習的機會；並且用淺白的文字和圖畫，系統性、趣味性的介紹文字，以此策略，幫助孩子大量識字。至於生字的注音，儘量不用變調、兒化韻，以降低學生學習困擾。必要的變調，如哥哥ㄍㄜ•ㄍㄜ，文中會注變調；生字中注本調。

六、本書三課組成一單元，以收單元教學效果。但為配合僑校學生每週上課一次，所以每課都設計相關語文活動，包含聽、說、讀、寫的語文技能，做為說話課和作文課的輔助教材，以幫助學生思考、溝通及書寫的能力。每冊並附教學指引一本及習作本二本。

全新版 華語 第六冊

灰灰的改變

灰灰是一隻小灰兔，他常說的一句話是「等一下」。

「灰灰，你把餐盒拿去洗一洗好嗎？」

「爸爸，等一下！」

「灰灰，你快去菜園裡，拔兩根紅蘿蔔回來。」

「媽媽，等一下！」

灰灰常說「等一下」，把事情一拖再拖，讓爸爸、媽媽都很傷腦筋。有一天，媽媽對爸

灰 兔 盒 拔 根 情 傷 腦 筋

爸說：「從現在起，我們都說『沒問題』，不要再說『等一下』，或許可以把灰灰的壞習慣改正過來。」

「爸爸，您說個故事給我聽好嗎？」灰灰叫著。

「沒問題！」爸爸立刻說了一個好聽的故事。

「媽媽，我過生日時，可以吃紅蘿蔔蛋糕嗎？」

「沒問題！」媽媽烘了一個可口的蛋糕。

「灰灰，你快去寫功課！」媽媽叫著。

「沒問題！」灰灰不但大聲的回答，還很快的去寫功課。

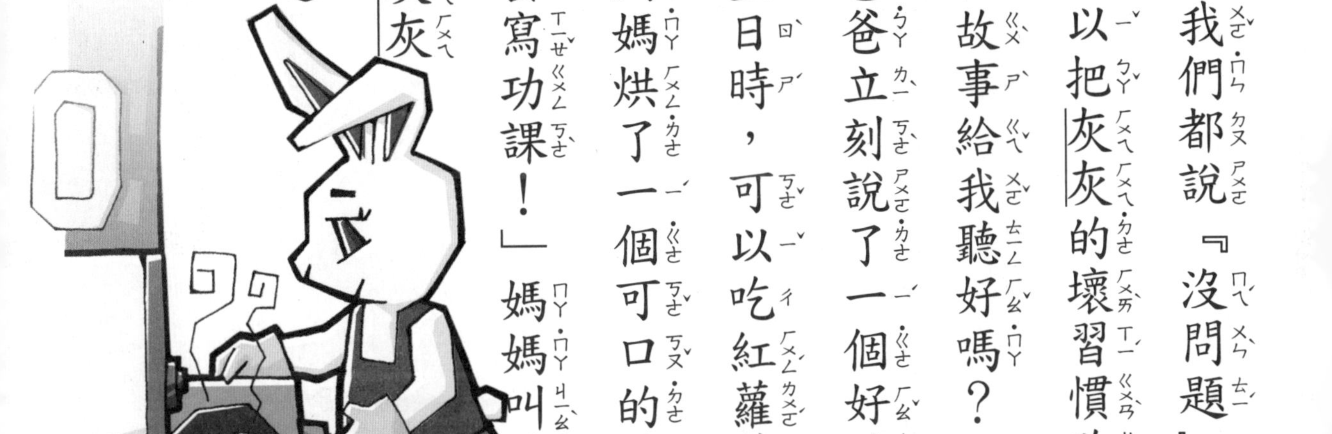

題ㄊㄧˊ 壞ㄏㄨㄞˋ 習ㄒㄧˊ 慣ㄍㄨㄢˋ 正ㄓㄥˋ 蘿ㄌㄨㄛˊ 蔔˙ㄅㄛ 烘ㄏㄨㄥ

小小劇場：龜兔賽跑

時間：早上

地點：村子裡

人物：兔子和烏龜

■ 幕起時，烏龜在家門前做體操，兔子走過來。

：一二三！伸伸腿！三二一！再把腿伸一伸！

：（哈哈大笑）哈哈！你做體操的樣子太——好笑了。

：什麼地方好笑？

：你的腿太短了，伸了又伸，我還是看不到你的腿？

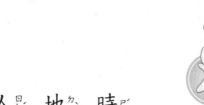

：你別笑，我的腿雖然短，可是跑得快，你不信，來比一比吧！

：什麼？你要跟我比一比——賽跑？（幕落）

■幕起時，兔子飛快的向前跑，而烏龜在後頭慢慢的爬著。

：明明四條腿短短的，走起路來慢吞吞的，還想跟我賽跑，真是不自量力。路邊有一棵樹，我先在樹下休息一下。

：（自言自語）我背著我的房子走路，一點也不辛苦，不怕小偷來光顧，每天過得很幸福。唉呀！我爬！我爬！我爬爬！我要往前爬。不知道兔子跑到哪裡去了？哈哈！原來兔子在樹底下睡著了，我得趕快爬！我爬！我爬！我爬爬爬！我——終於爬到終點了。

：（睡醒）什麼？賽跑結束了，不會吧！我——我竟然輸給了腿短的烏龜。

如何寫劇本？

好的兒童劇，先要有好的劇本。寫劇本時可以從四個方面來著手：

劇情：劇情是劇本裡的故事，情節要有變化。如：有衝突，有懸疑，有鬥爭，有趣味性，才能吸引觀眾的欣賞，像「龜兔賽跑」中因為有衝突，才引起一場有趣味性的賽跑。

人物描寫：人物要真，要有個性，如：西遊記中的孫悟空，他活潑聰明，喜歡捉弄人。又如：「龜兔賽跑」中的烏龜腿短，爬行慢；而兔子腿長，行動快速。

對話：對話是戲劇的文字，一方面要讓觀眾聽得懂，一方面要在對話中逐漸把情節表達出來。所以要注意什麼人說什麼話？對話中要加入諷刺、幽默、笑話、詩歌、俗話或諺語。如：「龜兔賽跑」中烏龜會朗讀詩歌，使對話有趣味性。

主題：主題是劇中的主要材料，也是作者所要表達的東西。因為戲劇能引導兒童的思想、情意和人格的發展，所以作者在選材料時，必須好玩有趣，又富有教育性。如：「龜兔賽跑」中的主題要告訴朋友「驕者必敗」或「努力必有收穫」的道理。

把句子加長（請加上人物，並在動作上加入單位量詞、形容詞。）

餐盒

一個餐盒

一個裝滿食物的餐盒

我提了一個裝滿食物的餐盒。

菜園

一個菜園

一個小小的菜園

爸爸在一個小小的菜園裡種蘿蔔。

習慣

一個習慣

一個壞習慣

我有一個愛吹牛的壞習慣。

故事

一個故事

一個好聽的故事

我會說一個好聽的故事給妹妹聽。

蛋糕

一個蛋糕

一個美味可口的蛋糕

我會做一個美味可口的蛋糕。

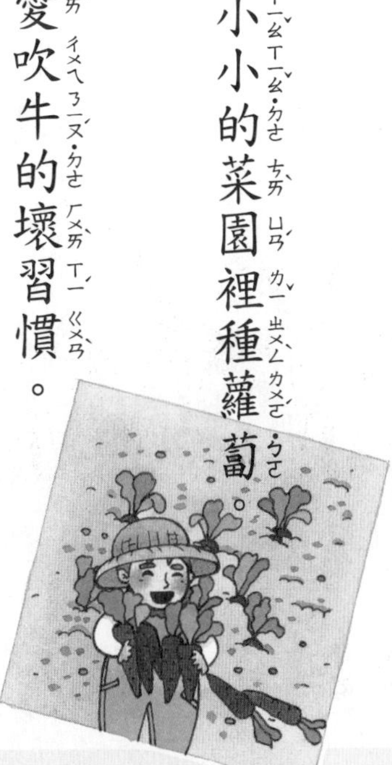

二 大美女和小美女

有一句話說：「認真的女人最美麗。」我的爸爸除了喜歡這句話之外，還洋洋得意的說：「我們家裡有一位大美女和一位小美女。」

大美女是指媽媽，媽媽是位老師，不但教學認真，而且會做許多拿手好菜，讓我們吃得津津有味。

小美女就是我，我是個五年級的小學生。上課時，我認真聽老師講課，回到家，我會自動復習功課。上體育課，老師教我們扯鈴，我把每一個招式用圖形畫下來，又不斷的練習，所以我成了扯鈴高手。

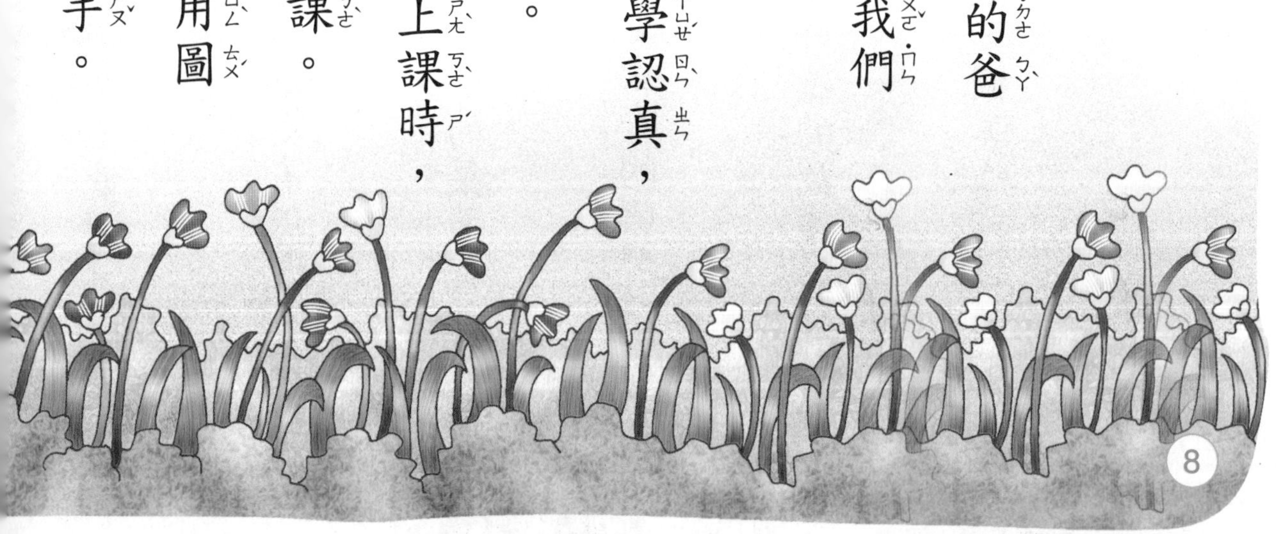

招 ㄓㄠ　鈴 ㄌㄧㄥˊ　扯 ㄔㄜˇ　育 ㄩˋ　復 ㄈㄨˋ　講 ㄐㄧㄤˇ　津 ㄐㄧㄣ　除 ㄔㄨˊ　認 ㄖㄣˋ

在家裡，我會澆花、拖地、摺衣服、收拾東西，是爸爸和媽媽的好幫手。爸爸看了笑哈哈的說：「我們家的小美女快要變成大美女了。」

摺ㄓㄜˊ　拾ㄕˊ　練ㄌㄧㄢˋ　斷ㄉㄨㄢˋ　圖ㄊㄨˊ　式ㄕˋ

詞語練習（ㄘˊㄩˇㄌㄧㄢˋㄒㄧˊ）

這（ㄓㄜˋ）一組詞語是「甲甲乙丙」式。重疊字連在一起，對下面的詞有加強的效果。

洋洋得意（ㄧㄤˊㄧㄤˊㄉㄜˊㄧˋ）

多多益善（ㄉㄨㄛㄉㄨㄛㄧˋㄕㄢˋ）

沾沾自喜（ㄓㄢㄓㄢㄗˋㄒㄧˇ）

津津有味（ㄐㄧㄣㄐㄧㄣㄧㄡˇㄨㄟˋ）

絲絲入扣（ㄙㄙㄖㄨˋㄎㄡˋ）

落落大方（ㄌㄨㄛˋㄌㄨㄛˋㄉㄚˋㄈㄤ）

事事如意（ㄕˋㄕˋㄖㄨˊㄧˋ）

心心相印（ㄒㄧㄣㄒㄧㄣㄒㄧㄤㄧㄣˋ）

蒸蒸日上（ㄓㄥㄓㄥㄖˋㄕㄤˋ）

這（ㄓㄜˋ）一組詞語是「甲乙甲丙」式。字的重疊雖然相隔一個字，仍然有加強的效果。

全心全意（ㄑㄩㄢㄒㄧㄣㄑㄩㄢㄧˋ）

有情有義（ㄧㄡˇㄑㄧㄥˊㄧㄡˇㄧˋ）

動手動腳（ㄉㄨㄥˋㄕㄡˇㄉㄨㄥˋㄐㄧㄠˇ）

自作自受（ㄗˋㄗㄨㄛˋㄗˋㄕㄡˋ）

快人快語（ㄎㄨㄞˋㄖㄣˊㄎㄨㄞˋㄩˇ）

忽冷忽熱（ㄏㄨㄌㄥˇㄏㄨㄖㄜˋ）

假情假意（ㄐㄧㄚˇㄑㄧㄥˊㄐㄧㄚˇㄧˋ）

盡心盡力（ㄐㄧㄣˋㄒㄧㄣㄐㄧㄣˋㄌㄧˋ）

問長問短（ㄨㄣˋㄔㄤˊㄨㄣˋㄉㄨㄢˇ）

句型練習

除了……之外，還……

我除了喜歡唱歌之外，還喜歡畫美少女。

爸爸除了收集本國的郵票之外，還收集世界各地的郵票。

不但……，而且……

媽媽不但教學認真，而且會做許多拿手好菜。

今年的冬天不但常常下雨，而且下了幾場大雪。

即使……，也……

即使媽媽不叫我做事，我也會自動幫忙。

即使明天下雨，我也要去科學館參觀。

閱讀測驗：北歐的小鳥

冬天的北歐是非常寒冷的，雪花不斷的飄著，大地堆積著厚厚的雪。人們喜歡躲在屋子裡，一邊靠近溫暖的火爐，一邊喝著熱熱的咖啡，那是最好的享受。

北歐的人們除了自己要過一個溫暖的冬天之外，他們還為小鳥準備一個可以避寒的家。有的人在家門口，有的人在圍牆上面，有的人在樹幹上釘著一間間的小房子，那就是小鳥的家。

小房子裡面鋪放著一束束的麥稈，麥稈上的稻穗，就是小鳥過冬的食物。麥稈旁邊還放著一個小碗，裝滿水給小鳥解渴，小房子還有個小小的洞口，可以讓小鳥隨時飛進來避寒。

人們的愛心，使冬天過後，成群結隊的小鳥在每個北歐人的家門前飛來飛去，而且吱吱喳喳的叫著，成了北歐春天的一大奇觀。

1（　）本文所敘述的季節是什麼時候？1 春天 2 冬天 3 冬天到春天。

2（　）本文內容共分幾段？1 三段 2 四段 3 五段。

3（　）本文內容的重點是什麼？1 北歐冬天很冷 2 北歐的小鳥特別多 3 寒冷的北歐，人們對小鳥照顧的情形。

4（　）讀了本文你感受到什麼？1 溫情 2 寒冷 3 享受。

三 玩具開會

時間：晚上。

地點：大朋的房間。

人物：小兵、洋娃娃、小飛機、小青蛙、布丁狗。

幕起時，大朋在床上睡覺，發出微微的打呼聲。地板上，玩具丟得到處都是。

布丁狗：（著急）唉呀！我的尾巴不見了，誰看到我的尾巴？

小青蛙：（有氣無力的）你的尾巴怎麼會不見了？

布丁狗：昨天，主人拿著我跟小兵打仗，打來打去，我的尾巴

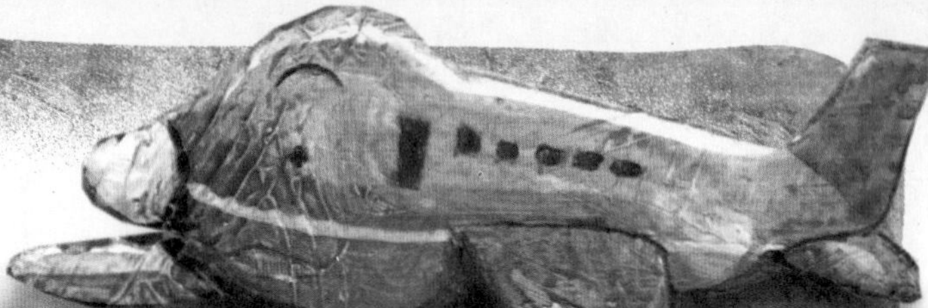

赳　雄　主　丟　板　幕　布　娃　兵

就不見了。

小青蛙：好可怕的戰爭，那小兵在哪裡？

小兵：（一邊哭一邊說）我在——桌子——底下。我的兩條腿都斷了！我不再是個雄赳赳、氣昂昂的小兵了。

洋娃娃：唉！小兵斷了腿，站不起來，樣子好可憐！

昂ㄤˊ　脾ㄆㄧˊ　摔ㄕㄨㄞ　醜ㄔㄡˇ　惜ㄒㄧ

小飛機：（很驚奇）小美人，你漂亮的禮服怎麼破了？

洋娃娃：今天晚上，小主人發脾氣了，就把我當作出氣筒，摔來摔去，我的新禮服就破了，你們看！我的樣子是不是像個醜八怪？

小飛機：唉！主人實在……

布丁狗：真希望主人能聽到我們所說的話，好好愛惜我們。

筒ㄊㄨㄥˇ　驚ㄐㄧㄥ　憐ㄌㄧㄢˊ　爭ㄓㄥ　戰ㄓㄢˋ　仗ㄓㄤˋ

想一想：嘆詞的練習

一個人常會有一些情緒表現，如快樂、悲傷、驚訝、厭惡等。在寫文章時，能把這種表現內心情感的聲音描寫出來，就叫「感嘆」的修辭法。通常加在句首的叫嘆詞，加強感嘆的效果。讀一讀下面的句子，感受一下不一樣的情緒。

- 哇！我可以參加扯鈴夏令營了！
- 啊！好漂亮的洋娃娃！
- 哼！我說的話你為什麼不相信？
- 呵！秋天到了，地上有很多落葉。
- 唉！橋斷了，怎麼去上學？
- 哇！多可愛的夏天，多可愛的早晨。
- 哈！好神奇的神燈，居然會跑出一個巨人。
- 喂！你不要對我發脾氣，我不是你的出氣筒。

讀一讀：把句子誇大

寫作時，把所要描寫的人或事物的特點，以誇大鋪張的方式來表達，會給讀者深刻的印象。就像我們看電影時，看到一些「特寫」鏡頭，能夠增加感人的效果。

例如：「好可怕的一場戰爭，那小兵在哪裡？」就是把句子誇大了，使「打來打去」的遊戲，變成一場可怕的戰爭，打敗的小兵只好逃到遠遠的外太空。

姐姐的頭髮很長，可以編一條圍巾了。（把頭髮很長放大了）

叔叔很胖，如果他擠上公車，一定會把公車的輪胎壓扁。（把胖放大了）

夏天的蚊子嗡嗡的叫，好像打雷的聲音。（把蚊子的叫聲放大了）

小小劇場：啄木鳥的故事

時間：很久以前

地點：一戶人家

人物：女人和老人（神仙）

■幕起時，一個頭上包著一條紅頭巾，身上穿著橘色衣服的女人正在屋子裡做燒餅。屋外來了一個穿破衣服的老人。

：好心的太太，我是一個過路人，已經餓了兩天，你可以給我一個燒餅吃嗎？

：不行！我做的燒餅是要給我丈夫中午吃的。

：好心的太太，你就可憐可憐我這個老頭子，多做一個燒餅好不好？

：好吧！不過我已經做好的燒餅太大了，你等著，我做一個小一點的燒餅。

：好心的太太，真謝謝你。

：餅做好了，（拿起來看一看）可是太大了，我再重做一個小一點的。

：好心的太太，我——我餓得——快昏倒了。

：別吵！（又拿起來看一看）不行，還是太大，我再做一個更小一點的餅。

：（生氣）你做的餅已經比一個銅板還小了，你還要重做，可見你是一個小氣，而且沒有愛心的女人。我要把你變成一隻鳥。

■女人真的變成一隻鳥，每次肚子餓時，必須用尖尖的嘴巴，在木頭上鑽呀鑽的，鑽得很辛苦，才能找到幾隻小蟲吃，聽說這是老神仙對她的處罰。

四 找東西

有一個商人丟掉一袋米和蜂蜜，他在路上來回的找著，彷彿一隻熱鍋上的螞蟻。有一個老人走過來對他說：「你在找米和蜂蜜嗎？」

「您怎麼知道？是誰帶走我的米和蜂蜜？」商人連忙問。

「那個人的左腳短了一點。」

「您是怎麼知道的？」商人很好奇。

「你看這裡有一行腳印，右邊的腳印深

深ㄕㄣ 印ㄧㄣˋ 短ㄉㄨㄢˇ 知ㄓ 佛ㄈㄨˊ 彷ㄈㄤˇ 蜂ㄈㄥ 袋ㄉㄞˋ 商ㄕㄤ

了一點，所以我知道那個人的左腳短。」老人一邊指著一邊說明：「你再仔細看一看，地上有些蜂蜜，又有些米，當然就是你丟掉的東西。」

「您觀察得很詳細。」商人謝謝老人，並且請教他：「現在我該怎麼辦？」

「你就順著腳印去找吧！」

商人順著腳印往前走，果然找到那個左腳短一點的人，也找回了他丟掉的東西。

仔 觀 察 詳 辨 螞 蟻

詞語練習

相似詞語

丟掉	↔	遺失
連忙	↔	趕快
知道	↔	明白
順著	↔	沿著

相反詞語

丟掉	↔	拾到
連忙	↔	緩慢
左邊	↔	右邊
往前	↔	退後

利用相反詞語造句

丟掉・拾到：車站來來往往的人很多，經常有人丟掉東西，也有人拾到東西。

連忙・緩慢：上課了，大家連忙進教室，只有小明緩慢的走著。

左邊・右邊：這一條街的左邊都是商店，而右邊都是住家。

往前・退後：大家隨著音樂跳舞，一下往前，一下退後，有趣極了。

譬喻修辭練習

常用的譬喻詞有好像、好比、如同、就像、彷彿、當作、變成等。

1 他在路上來回的找著，彷彿一隻熱鍋上的螞蟻。

2 他在樹上跳來跳去，好像一隻頑皮的猴子。

3 弟弟在臺上說得頭頭是道，如同一位大演說家。

4 姐姐優雅的走著，好比仙女下凡來。

5 媽媽會做美味可口的食物，就像餐廳的大廚師。

6 螞蟻把香菇當作涼亭，在裡面乘涼。

7 魔術師把手帕變成彩球，觀眾看得張大了嘴巴。

小小劇場：怎麼少了一個蘋果

時間：有一天早上

地點：家裡

人物：小強和媽媽

■第一幕：幕起時，小強拿著一張獎狀很高興的跑回家。

：媽！我回來了，您看！我手上拿的是什麼？

：（接過獎狀）哇！是一張獎狀，小強，你參加四百公尺賽跑，得第一名吔！

：媽！我成了飛毛腿，您要送什麼禮物給我？

：嗯！送什麼禮物給你？對了！媽媽做你最愛吃

的蘋果派給你吃。

：好主意，媽！我去超市買五個又紅又大的蘋果回來，好讓您大顯身手。

第二幕：幕起時，小強提著籃子買了蘋果回來。

：媽！我回來了，您看，我買的蘋果，不僅又紅又大，聞起來還真香！

：（接過籃子）嗯！香噴噴的蘋果做起派來，一定好吃極了，小強，籃子裡怎麼只有四個蘋果？

：我買了五個，怎麼——怎麼會少了一個蘋果？

：我知道，你在路上不小心跌倒了，籃子裡的蘋果掉了一個，你沒看見，所以蘋果少了一個。

：（驚訝）媽！您看見我跌倒了嗎？

：我看見你膝蓋的褲子髒了，籃子裡有一些泥土呢！

五

心得分享

讀書會有意義，
這次由文華當主席。
他以「畫眉鳥」為題，
說得生動又詳細：
畫眉鳥的羽毛不美麗，
歌聲悅耳甜蜜蜜。
成群躲在樹林裡，
一起唱歌一起玩遊戲。
有些獵人為了做生意，

分 享 華 席 眉 悅 戲 獵 量

大量捕捉鳥兒不珍惜，
現在要看畫眉鳥不容易。
希望大家盡心力，
愛護鳥兒就從自己做起。

讀ㄉㄨˊ 護ㄏㄨˋ 盡ㄐㄧㄣˋ 珍ㄓㄣ 捉ㄓㄨㄛ 捕ㄅㄨˇ

語文活動五

讀（ㄉㄨˊ）一（ㄧ）讀（ㄉㄨˊ）：押（ㄧㄚ）「ㄧ」韻（ㄩㄣˋ）的（ㄉㄜ˙）童（ㄊㄨㄥˊ）詩（ㄕ）

星（ㄒㄧㄥ）期（ㄑㄧˊ）一（ㄧ），

好（ㄏㄠˇ）天（ㄊㄧㄢ）氣（ㄑㄧˋ）。

弟（ㄉㄧˋ）弟（ㄉㄧˋ）穿（ㄔㄨㄢ）新（ㄒㄧㄣ）衣（ㄧ），

坐（ㄗㄨㄛˋ）在（ㄗㄞˋ）公（ㄍㄨㄥ）園（ㄩㄢˊ）的（ㄉㄜ˙）草（ㄘㄠˇ）地（ㄉㄧˋ），

欣（ㄒㄧㄣ）賞（ㄕㄤˇ）布（ㄅㄨˋ）袋（ㄉㄞˋ）戲（ㄒㄧˋ），

演（ㄧㄢˇ）的（ㄉㄜ˙）是（ㄕˋ）西（ㄒㄧ）遊（ㄧㄡˊ）記（ㄐㄧˋ），

孫（ㄙㄨㄣ）悟（ㄨˋ）空（ㄎㄨㄥ）實（ㄕˊ）在（ㄗㄞˋ）很（ㄏㄣˇ）頑（ㄨㄢˊ）皮（ㄆㄧˊ），

弟（ㄉㄧˋ）弟（ㄉㄧˋ）看（ㄎㄢˋ）得（ㄉㄜ˙）笑（ㄒㄧㄠˋ）嘻（ㄒㄧ）嘻（ㄒㄧ）。

讀一讀：得和的分辨

得放在動詞後面，再加上形容詞的句子。

- 他上臺說話，說（得）生動又詳細。
- 小孩睡著了，睡（得）甜蜜又安穩。
- 妹妹喜歡唱歌，唱（得）大聲又好聽。

動詞後面接的是名詞，必須用的。

- 他吃（的）西瓜很大，聽說有十公斤重。
- 妹妹穿（的）衣服很漂亮，好像是洋娃娃。
- 老師在黑板寫（的）字很大，大家都看清楚了。

小小劇場：父子騎驢

時間：一個早上　　地點：路上

人物：父親、兒子、路人甲、乙、丙、丁、戊等。

■幕起時，一對父子牽著一頭驢子要到市場去賣。

路人甲：奇怪！有驢子為什麼不騎？

路人乙：傻瓜，坐在驢子上，當然比走路舒服多了。

父親：兒子，你快騎上去吧！

兒子：爸爸，騎在驢子上，真的比走路舒服多了。

路人丙：你們看，兒子騎在驢子上，而讓爸爸走路，真不孝！

父親：兒子，你聽見了嗎？快下來！

兒子：爸爸，我下來，您快騎上去，不然人家會說我

是一個不孝子。

父親：好！兒子，我騎著驢子，你牽著驢子走吧！

路人丁：你們看！好狠心的父親，自己舒舒服服的坐在驢背上，而讓他的兒子走路。

父親：又有人說話了，兒子，我下來，換你騎著驢子。

兒子：爸爸，不行啊！我一騎上去，人家又會罵我是不孝子。

父親：可是我騎在驢子上，人家罵我是狠心的爸爸，那該怎麼做呢？

兒子：爸爸，我們一起騎在驢背上，相信沒有人會說話了。

父親：兒子，好主意，你快上來吧！

路人戊：唉呀！不得了！又瘦又小的驢子，怎麼可能讓兩個人騎在背上，那兩個人一點愛心也沒有！

■ 這對父子聽了不知道該怎麼辦？最後只好把驢子的四隻腳綁起來扛著走。走到河邊，驢子一掙扎，竟然掉進河裡去了。

六

漁翁和孩子

一個風和日麗的早上，有一個孩子在海灘上撿貝殼，不遠的地方，有個漁翁正在釣魚。

漁翁釣魚的技術很好，孩子看了，臉上露出羨慕的表情，就站在漁翁的旁邊看他釣魚。

終於，漁翁釣了滿滿的一桶魚，並且收好魚竿準備回家了。

漁翁拿出一條魚要送給孩子。

「我不要魚。」孩子搖搖頭。

漁翁說：「孩子，一條魚可以讓你和家人吃一餐。」

「我不要魚。」孩子說：「我要您的魚竿。」

翁 撿 殼 釣 技 術 露 羨 慕

「你不要魚，要魚竿做什麼？」漁翁覺得奇怪。

「一條魚很快就吃完了，如果您肯送我魚竿，我就可以天天來釣魚，天天有魚吃。」

漁翁聽了，不僅送給孩子一根魚竿，還教他釣魚的技術。

竿 ㄍㄢ　條 ㄊㄧㄠˊ　餐 ㄘㄢ　肯 ㄎㄣˇ　僅 ㄐㄧㄣˇ　灘 ㄊㄢ　桶 ㄊㄨㄥˇ

認識對比法

由正反兩方面來描寫，使所要表達的意思，更清楚有力，這就是「對比」的修辭法。在我們日常生活當中，隨時都可以看到「對比」的例子。如：你班上同學，有「高個子和矮冬瓜」；如：馬路上的房子，有「高樓大廈和低矮木屋」，這都是很明顯的對比。

- 哥哥上體育課時生龍活虎，上國語課時卻像病貓。
- 夜市使人感到熱鬧，植物園使人感到寧靜。
- 叔叔以前是窮光蛋，現在已經是大富翁了。

擴句的方法

擴句時，能注意下面幾個重點，並針對這些重點思考，就能把內容敘述得更清楚詳盡，也能增加文章的篇幅。

1 什麼時候？ ↓ 2 怎樣的人？ ↓ 3 什麼地方？ ↓ 4 做什麼事？

以「有人在釣魚」為例子，來進行擴句的練習。

天剛亮，天色還灰濛濛的時候（什麼時候）。有一個老人，大約六十多歲了（怎樣的人），他一個人靜靜坐在海邊釣魚。海水一片深藍色，看起來好像跟遠遠的天邊連在一起的樣子（什麼地方）。老人釣魚的技術很好，沒多久就釣了四、五條魚（做什麼事），這時老人臉上有了笑容，還自言自語的說：「中午，我那可愛的孫子，就可以喝到新鮮的魚湯了。」

小小劇場：漁夫的三個願望

幕起時，漁夫網住了一條大魚，很高興的帶回家去。

：老婆，我回來了，你看！很大的一條魚。

：晚餐我已經做好了，留著明天吃紅燒魚好了。

：好吧！我先把魚放在水缸裡。

這時，那條大魚流淚，而且說話了。

：我是海龍王的兒子，你們只要放了我，我就可以讓你們實現三個願望。

：那太好了，我們可以成為大富翁了。

：快！快！我們快把魚放回海裡去。

夫妻兩人連忙把魚放回大海去，回家以後，一邊吃著晚餐，一邊想著要哪三個願望。

：我真希望有一條熱狗吃。

：老婆，你剛說完話，桌上立刻出現一盤熱狗。不得了，三個願望，你已經用掉一個了。

：吃一大盤熱狗，是一種享受啊！

：（生氣的吼叫）笨女人，我希望那些熱狗統統掛在你的鼻子上。

：老天！我的鼻子上掛著一條條的熱狗，不是很好笑嗎？

：是很好笑，可是，我們只剩下最後一個願望。

：我希望——熱狗趕快從我的鼻子上消失。

：啊！三個願望都——實現了。

七 讀好書

今天同學們一進教室，看到黑板上寫著：讀好書，書讀好，好讀書，讀書好。老師請大家念一念這十二個字，元吉搶著舉手，他念完了：ㄉㄨˊ ㄏㄠˇ ㄕㄨ，ㄕㄨ ㄉㄨˊ ㄏㄠˇ，ㄏㄠˇ ㄉㄨˊ ㄕㄨ，ㄉㄨˊ ㄕㄨ ㄏㄠˇ。老師說：「元吉念得很好，只有『好讀書』的『好』，應該念第四聲。」

老師又問：「誰能說說黑板上這十二個字的意思？」芳華說：「讀好書，就是要讀好的、有用

讀 吉 搶 舉 思 芳 華 處 楚

的書。書讀好，就是喜歡讀書的意思。讀書好，就是讀書的好處很多。」芳華說得很清楚，大家都熱烈鼓掌。

老師笑著說：「希望大家多看好書，多充實知識。」同學們大聲回答：「好！」

烈 ㄌㄧㄝˋ 鼓 ㄍㄨˇ 掌 ㄓㄤˇ 充 ㄔㄨㄥ 識 ㄕˋ

認識標點符號：雙引號

老師笑著說：「希望大家多看好書，多充實知識。」我們在「說」字的後頭，要加上冒號和上下引號。上下引號中的內容，就是老師說的話。

除了說的話要加引號外，要讀者特別注意的字或詞，也可以加上下引號。如：最近很流行的書是「哈利波特」。

在引號中，還有要讀者特別注意的字詞，就得用雙引號『 』了。老師說：「元吉念得很好，只有『好讀書』的『好』應該念第四聲。」

念一念（ㄋㄧㄢˋ ㄧˋ ㄋㄧㄢˋ）

誰能說說黑板上這十二個字的意思？
（ㄕㄟˊ ㄋㄥˊ ㄕㄨㄛ ㄕㄨㄛ ㄏㄟ ㄅㄢˇ ㄕㄤˋ ㄓㄜˋ ㄕˊ ㄦˋ ㄍㄜˋ ㄗˋ ㄉㄜ˙ ㄧˋ ㄙ）

誰能說說這本書裡的意思？
（ㄕㄟˊ ㄋㄥˊ ㄕㄨㄛ ㄕㄨㄛ ㄓㄜˋ ㄅㄣˇ ㄕㄨ ㄌㄧˇ ㄉㄜ˙ ㄧˋ ㄙ）

誰能說說這個地名的由來？
（ㄕㄟˊ ㄋㄥˊ ㄕㄨㄛ ㄕㄨㄛ ㄓㄜˋ ㄍㄜˋ ㄉㄧˋ ㄇㄧㄥˊ ㄉㄜ˙ ㄧㄡˊ ㄌㄞˊ）

誰能說說這朵花的學名？
（ㄕㄟˊ ㄋㄥˊ ㄕㄨㄛ ㄕㄨㄛ ㄓㄜˋ ㄉㄨㄛˇ ㄏㄨㄚ ㄉㄜ˙ ㄒㄩㄝˊ ㄇㄧㄥˊ）

誰能說說這首歌的作曲者？
（ㄕㄟˊ ㄋㄥˊ ㄕㄨㄛ ㄕㄨㄛ ㄓㄜˋ ㄕㄡˇ ㄍㄜ ㄉㄜ˙ ㄗㄨㄛˋ ㄑㄩˇ ㄓㄜˇ）

誰能說說這隻狗的來歷？

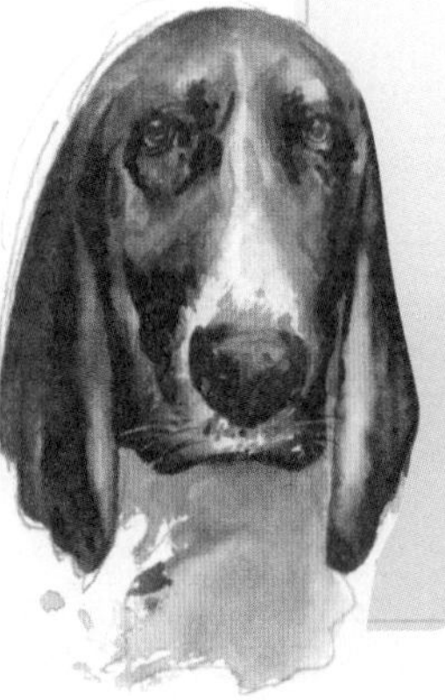

（ㄕㄟˊ ㄋㄥˊ ㄕㄨㄛ ㄕㄨㄛ ㄓㄜˋ ㄓ ㄍㄡˇ ㄉㄜ˙ ㄌㄞˊ ㄌㄧˋ）

小小劇場：「Oh! Susanna」

：你剛才唱的歌很輕快，真好聽。

：謝謝你，這是一首美國民謠。

：曲名是什麼，可以告訴我嗎？

：這首曲名叫「Oh! Susanna」，中文翻譯為：「哦！蘇珊娜！」

：你知道作曲者是誰嗎？

：聽說是美國的民謠歌王史提芬．福斯特。

：我聽過史提芬．福斯特很多動人的曲子，他的確是「名副其實」的歌王。

：這首歌是他二十一歲在書店當店員時寫下的。

：這麼年輕呀！這首歌的歌詞很特別呢！

：對呀！「在我離開的時候，整夜下著雨，天氣十分乾燥。太陽如此炎熱，差一點把我凍死……」

：真是有趣的歌詞，怪不得你唱得這麼開心。

：聽說這首民謠推出的第二年，加里福尼亞州發現了金礦，引起美國移民西部的風潮。

：你的意思是大家唱著這首歌，搭著篷車移民嗎？

：對呀！礦區裡的礦工，也高高興興的哼著這首民謠，揮著汗工作呢！

八 唐詩

姑姑送我一本唐詩三百首，她說這是華人很喜歡的書。打開書，我看到一首王之渙上高樓的詩，寫得非常好。

白日依山盡
黃河入海流
欲窮千里目
更上一層樓

唐 百 渙 欲 窮 千 里 目 即

這首詩的意思是：詩人爬上高樓，看到了太陽順著山落下，黃河的水，流到大海。眼看即將消失的美景，詩人想要追求更多，因此說：「要想看得更高，看得更遠，就得爬上更高的地方。」

將　消　求　絕　言

姑姑笑著對我說：「希望你能多讀幾首好詩，你就能欲窮千里目，更上一層樓。」

我對姑姑說：「謝謝你，但是要如何讀這本書呢？」

姑姑說：「你可以從絕句開始讀。不管是五言或七言的絕句，因為只有四句，詩句比較容易明白，你可以先從絕句入手。」聽了姑姑的話，我找了幾首絕句來念，果然，唐詩真

是好聽又有意思，
我好高興收到這樣的禮物。

語文活動八

認識有顏色的詞語

白日　黑豆　黑板　白雲　藍天　青山

黃河　黃豆　黃魚　黃金　黃昏　黃瓜

紅花　紅豆　紅糖　紅衣　紅蛋　紅包

綠葉　綠豆　綠地　綠水　綠茶　綠洲

念一念

你能多讀幾首好詩，你就能欲窮千里目，更上一層樓。

你能多運動，你就能擁有健康的身體。

你能多等一下，你就能吃到好吃的蛋糕。

你能多看一些書，你就能得到更多的知識。

你能多說一些理由，你就能得到更多的支持。

你能多彈一下鋼琴，你就能把這首曲子練熟。

小小劇場：唐詩真好

：姑姑，您送我的《唐詩三百首》真好！

：說說看，怎麼好法？

：昨天的點心是紅豆湯，我就念一首和紅豆湯有關的唐詩給同學聽。

：真的呀！哪一首唐詩和紅豆湯有關呢？

：「紅豆生南國，春來發幾枝；願君多採擷，此物最相思。」

：這首呀！這首詩描寫的紅豆，和煮紅豆湯的紅豆可不相同呢！

：真的嗎？有什麼不一樣？

：詩裡描寫的紅豆，生長在南方，豆子的顏色是紅色沒問題，特別的是它的外形……

：姑姑，您快說，它的外形有什麼特別？

：這種豆子的形狀，就像一個愛心。

：像愛心？那這種豆子真特別！

：更特別的還在後頭呢！

：還有更特別的呀？

：對呀！最特別的是豆子上還有心形的線條呢！

：真的呀？

：有人說這種豆子代表「心心相印」，所以才說它「此物最相思」呀！

：糟糕啦！我鬧笑話了。

九 逛書店

星期天上午，我們坐捷運到臺北車站，順著人潮，走出了車站，就是一條有名的書街。爸爸問我們要去逛書店嗎？我們異口同聲的回答說：「好！」一進書店，就可以看到

逛 捷 北 潮 異 類 擺 旅 童

整個書店，滿滿的都是書，它們分類排放，擺得非常整齊。爸爸喜歡看旅遊的書，媽媽喜歡看美容的書，他們兩人就站在不同的書架前，找自己需要的書。我到兒童館看書，這兒的書也分類，有：自然科學、世界名著、漫畫……。我很快的找到了喜歡看的繪本書，津津有味的看起書來。

我們逛了一個上午，一共逛了五家書店，爸爸還幫我買了兩本書才離開書街，這個上午的收穫真不少！

科 ㄎㄜ 漫 ㄇㄢˋ 繪 ㄏㄨㄟˋ 離 ㄌㄧˊ 穫 ㄏㄨㄛˋ

認識成語

我們華人語言裡的「成語」，最普通的形式是由四個字組成。像：一毛不拔、百戰百勝、寶山空回、不識時務……。也有不只四個字的，如：偷雞不著蝕把米、狗嘴長不出象牙、覆巢之下無完卵、近朱者赤，近墨者黑……。

這些成語，都有出處，依一般人的說法，就是「都有典故」。成語的出處，大多是古代的經典或古人的文章。知道成語的出處，明白成語的「

產生背景」，才不會因為誤解而用錯。

「班門弄斧」這個成語裡的「班」，指的是春秋時代魯國有名的巧匠——魯班。成語的意思是說在魯班的門前舞弄斧頭，比喻在比自己高明的人面前賣弄本領。

成語使用得好，讓人有學問淵博的印象，成語用錯，把「班門弄斧」寫成「搬門弄斧」，那可就鬧笑話了。

小小劇場：各取所需

：爸爸，什麼叫做「各取所需」呀？

：每個人各自拿自己所需要的。

：聽不懂！聽不懂！

：好吧！爸爸舉個例子來說明。

：什麼例子呀？

：記得星期天上午的事吧？

：記得呀！我們逛了一個上午的書店。

：你記不記得當天我們各逛各的。

：記得呀！您看旅遊的書，媽

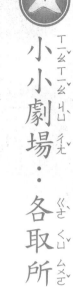

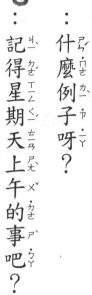

媽看的是美容的書，我看世界名著，弟弟看漫畫。

：對啦！當天我們就是各取所需。

：您的意思是說那天每個人都拿自己所需要的嗎？

：嗯！爸爸要你看美容的書，要媽媽看漫畫，要弟弟看旅遊的書，那大家一定都沒興趣。

：對呀！對呀！幸好那天您讓我們「各取所需」，我們那天才能有收穫。謝謝爸爸！

十

蚌和水鳥

有一天早上，陽光照在沙灘上，沙子像金子一樣的閃閃發亮。

一隻蚌爬到沙灘上，張開蚌殼說：「曬曬太陽，真舒服！」這時一隻水鳥飛過來，看見蚌躺在那裡。高興的拍拍翅膀，立刻飛上前去，咬住蚌殼裡的肉。

蚌嚇了一跳，很快的把殼合起來，夾住水鳥

光ㄍㄨㄤ　照ㄓㄠˋ　膀ㄅㄤˇ　咬ㄧㄠˇ　合ㄏㄜˊ　嘴ㄗㄨㄟˇ　渴ㄎㄜˇ　死ㄙˇ　雖ㄙㄨㄟ

的嘴。水鳥吃力的說：「今天不下雨，明天不下雨，你就渴死了！」蚌被咬住了肉，雖然很痛苦，但不甘示弱的回應：「我今天不張嘴，明天不張嘴，你就餓死了！」

太陽下山了，蚌和水鳥誰也不肯讓步。這時，有一個漁翁走過來，看到一個大蚌殼和一隻水鳥，趕快把他們抓起來，很高興的說：「哈哈，晚餐可以加菜了！」

苦 甘 弱 餓 趕 蚌 嚇

念一念

把下列括弧中的詞語念一念，都是形容動作的副詞。

- 水鳥（很吃力的）說著話。
- 大家（非常開心的）唱著歌。
- 弟弟（很大口的）吃著麵包。
- 小鳥（很快的）飛走了。
- 小蝸牛（慢慢的）爬上竹籬笆。
- 弟弟（靜靜的）欣賞一幅畫。

句型練習

沙子像金子一樣的閃閃發亮。

燈光像星星一樣的閃閃發亮。

明珠像陽光一樣的閃閃發亮。

今天不下雨，明天不下雨，你就渴死了！

今天不張嘴，明天不張嘴，你就餓死了！

今天不吃飯，明天不吃飯，你就餓扁了！

今天不運動，明天不運動，你就肥死了！

小小劇場：樂羊的故事

時間：戰國時代　地點：家裡　人物：樂羊和他的妻子

幕起時，樂羊背了一個包袱，要離開他的妻子。

：娘子，我離開你，離開家鄉，要到別的地方拜師求學，我——我是依依不捨。

：我也是依依不捨，可是為了相公你的功名，你趕快去吧！

：娘子，你三餐飯沒問題吧！

：相公，你放心，我每天勤勞的織布，生活是不成問題的。

：娘子，我走了。

：相公，你快去快回吧！

不到一年，樂羊返鄉了，他一進門，妻子正在織布。

：娘子，我回來了。

：（又高興又驚異）相公，你這麼快就學成回來了？

：我還沒有學成，可是我太想念你，我就回來了。

妻子聽了，臉上高興的表情消失了。她拿起一把剪刀，把織布機上織好的布剪斷了。

：娘子，你辛辛苦苦織好的布，為什麼要把它剪斷呢？

：這一塊布是我用一絲一縷的線，辛辛苦苦織好的。現在我把它剪斷了，是不是很可惜？

：是很可惜，你為什麼要這樣做？

：我把織好的布剪斷了，表示這些日子我所下的功夫全白費了。

：是全白費了，娘子，你還得從頭再開始織布啊！

：相公，你出外求學，如果不能一點一滴，有恆心的用功讀書，還沒有學成就跑回來，不是跟織布機上剪斷的布一樣嗎？

：娘子，我——我——錯了！求學問是不應該半途而廢的。

樂羊覺得很慚愧，立刻又外出求學。這麼一去就是七年，當他學成回來之後，立即受到魏國國君的重用。

十一 狐狸和葡萄園

有一隻狐狸非常聰明，森林中許多動物遇到困難，都會請教他，因此他自稱森林中的「智多星」。

有一天，狐狸去散步，經過一座葡萄園，發現葡萄成熟了，還散發出甜美的香味。狐狸想進去吃，可是竹籬笆圍得很結實，狐狸無法鑽進去。

狐ㄏㄨˊ 狸ㄌㄧˊ 葡ㄆㄨˊ 萄ㄊㄠˊ 聰ㄘㄨㄥ 森ㄙㄣ 困ㄎㄨㄣˋ 熟ㄕㄡˊ 竹ㄓㄨˊ

狐狸想了一想，很快就想出一個妙計。他不吃東西，把自己餓了五天，身體變瘦了，就從竹籬笆鑽進去了。

狐狸很高興，在葡萄園裡大吃一頓，吃得肚子又圓又大，好像一個大桶子。當狐狸想離開葡萄園時，他的身體竟然無法從竹籬笆鑽出來，他只好先坐下來，再想一想，該怎麼辦？

笆 籬 鑽 竟 桶 頓 瘦 法

語文活動十一

認識兒歌

兒歌是指由兒童自己唸或由大人為兒童寫的歌謠。有些內容是有意義的，有些內容沒有什麼意義，只是隨口唱出來而已。兒歌大都能夠押韻，內容簡單淺顯，而且充滿趣味性。

有趣的，並且能押韻

三輪車跑得快，
上面坐個老太太，
要五毛給一塊，
你說奇怪不奇怪？

內容有知識性，且隔行押韻

我家門前有小河，
後面有山坡。
山坡上面野花多，
野花紅似火。
小河裡，有白鵝，
鵝兒戲綠波，戲弄綠波，
鵝兒快樂，昂頭唱清歌。

以猜謎方式表現，趣味性更高

彎彎樹上彎彎藤，
結滿串串的銅鈴，
味道有甜也有酸，
顏色有紫也有青。

——猜一水果（葡萄）

小小劇場：孔子和學生

時間：上課時　地點：學堂裡　人物：孔子和學生王丙

■幕起時，孔子正在學堂裡走來走去，因為學生王丙又沒來上課了。

：唉！王丙這個學生年紀輕輕的，不喜歡讀書，將來該怎麼辦？

：老師，老師，我來了。

：快吃中飯了，你才來上課，又在家裡睡覺，起不來嗎？

：老師，我今天起得很早，沒在家裡睡覺。

：哦！你起來讀書嗎？

：不！不！我到河邊游泳。

：你昨天才去游泳，怎麼今天又去游泳？

：老師，您知道我不喜歡讀書，游泳總比讀書快樂嘛！

：你將來想做什麼？

：（大聲的）當然是服務人群，報效國家。

：好！好！你說得好！你打算用什麼服務人群？

：我——我——沒想過。

：你夏天游泳，冬天睡覺，好像不能服務人群？

：老師，那我該怎麼做？

：求知識啊！知識是服務人群的工具。你知道「工欲善其事，必先利其器。」這句話嗎？

：（臉紅了）我不——知道。

：工人在做工之前，必須先把他的工具磨利，才能把事情做好。

：老師，我知道我需要怎樣的工具，才能服務人群了。

■從此以後，王丙這個學生茅塞頓開，開始認真讀書了。

十二 滴水穿石

又是一個下雨天，雨水從屋簷上往下滴，滴在一塊大石頭上，發出滴答、滴答、滴答的聲音。大石頭笑呵呵的說：「小水滴，你在幫我抓癢嗎？你太小、太弱了！滴在我身上，一點感覺都沒有。」

「石頭伯伯，您千萬別小看我，只要我有恆心、有耐力，總有一天，我會在您身上穿一個洞。」小水滴很有自信的說。

「我是一塊厚厚的大石頭，又堅硬又強壯，好像鋼鐵一般。而你只是小小的水滴，又弱又小，要在我身上穿個洞，別作夢了。」大石頭嘲笑著。

鋼　硬　堅　耐　恆　萬　伯　癢　滴

每次一下雨，小水滴就輕輕的滴，努力不懈。日子一天天的過去了，一年年的過去了。有一天，小水滴終於把大石頭穿了一個洞。

鐵 ㄊㄧㄝˇ　般 ㄅㄢ　夢 ㄇㄥˋ　嘲 ㄔㄠˊ　懈 ㄒㄧㄝˋ　簷 ㄧㄢˊ

擬人法寫作

文中的小水滴和大石頭為什麼會說話？因為在寫作時，把它們「人性化」了。使它們有人的思想和動作，而且又保持了它們原來的「物性」，這樣的轉化方式叫「擬人法」。

- 風伯伯來了，小草連忙點點頭。
- 黃昏時，太陽慢慢走下山了。
- 春天來了，桃花和李花，你不讓我，我不讓你，都爭先恐後的開了。
- 小水滴很有自信的說：「總有一天，我會在大石頭身上穿一個洞。」
- 大石頭嘲笑著說：「小水滴，你別作夢了！」

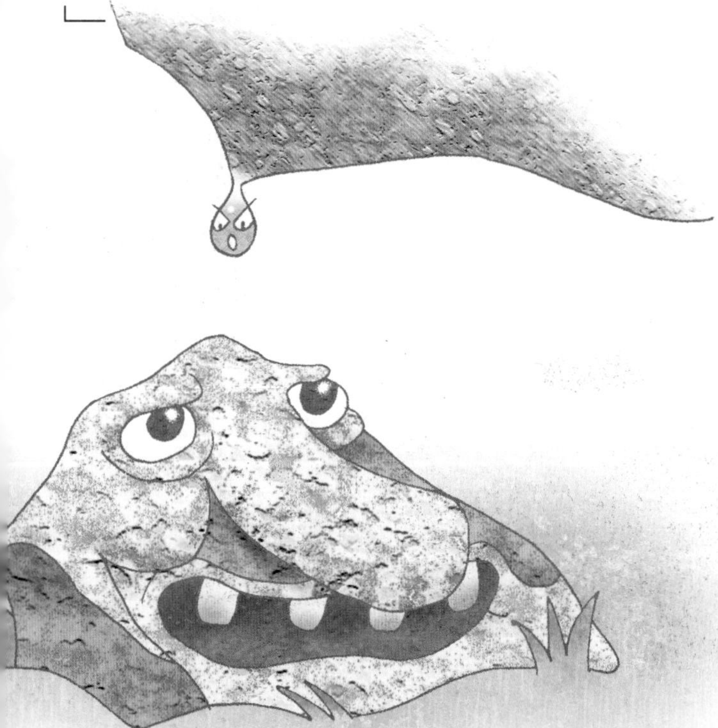

什麼是寓言？

寓言是什麼？寓言是寄託著高深意思的故事。它是屬於記敘文體，因為每一個寓言都敘述著一個故事，但是它的主要目的，不是在敘述一個故事，而是要藉著這個故事，來表達另外一種道理。

「寓」是寄的意思。寓言是把道理寄在故事內，說給人家聽。所以道理好比是人的靈魂，而靈魂要有軀殼來附著，軀殼指的就是故事，如此一來，就能了解道理在寓言裡的重要性。

每篇寓言中，不管是人、動物或生物，他們的一言一行、一舉一動，都有強烈的啟示作用，作者藉著故事，希望讀者能接受這樣的啟示或勸導。

第十課「蚌和水鳥」是勸導讀者：「兩人相爭，會使第三者得利。」

第十一課「狐狸和葡萄園」給讀者的啟示是：「再聰明的人，也有考慮不周詳的地方。」

第十二課「滴水穿石」給讀者的啟示是：「只要有恆心，有毅力，滴水是可以穿石的。」

小小劇場：老鼠嫁女兒

幕起時，老鼠夫妻為了女兒的婚事很傷腦筋。

：我們的女兒是最優秀的，所以嫁的對象也要是最優秀的！

：那當然，到底誰是世界上最優秀的？

：我知道，太陽一出來，大地就很溫暖，他是最優秀的吧！

：好！就把女兒嫁給太陽先生。

：哦！不行！烏雲一出來，就把我的光線擋住了。

：你是說烏雲是最優秀的？

：好！就把女兒嫁給烏雲先生。

：我哪是最強的？風一吹過來，我就散開了。

：什麼？風比你還強呀！

：快！快！快把女兒嫁給風先生。

：我不能娶你們的女兒，圍牆比我厲害，他一擋在我面前，我什麼地方也去不成。

：快！快！快把女兒嫁給圍牆先生。

：你們不要開玩笑了，我一點也不厲害。你們看看我身上有好多洞，都是你們老鼠的傑作。

：哦！那世界上最強，最厲害，最優秀的，原來是我們老鼠啊！

：我們太小看自己了，快！快！快把我們的女兒嫁給一個年輕的老鼠先生吧！

附錄

認識基本筆畫

筆畫	名稱	例子
一	橫	一二
丨	豎	斗不
丶	點	魚字
丿	撇	仁什
㇏	捺	人之
㇀	挑	法挑
㇕	橫折	日田

筆畫	名稱	例子
㇄	豎曲鉤	包他
㇖	橫鉤	皮也
亅	豎鉤	牙寸
㇂	斜鉤	我代
㇁	彎鉤	了豕
㇆	橫折鉤	月再
㇇	橫撇	發又

標準筆順(ㄅㄧㄠ ㄓㄨㄣˇ ㄅㄧˇ ㄕㄨㄣˋ)

數字為總筆畫(ㄕㄨˋ ㄗˋ ㄨㄟˊ ㄗㄨㄥˇ ㄅㄧˇ ㄏㄨㄚˋ)

第一課

灰	免	盒	拔	根	情	傷
6	8	11	8	10	11	13

第二課

腦	筋	題	壞	習	慣	正
13	12	18	19	11	14	5

認	除
14	10

津	講	復	育	扯	鈴	招	式	圖	斷
9	17	12	7	7	13	8	6	14	18

練	拾
15	9

第三課

兵	娃	布	幕	板	丟	主
7	9	5	14	8	6	5

附錄

雄	糾	昂	脾	摔	醜	惜
12	8	8	12	14	17	11

第四課

商	袋
11	11

蜂	彷	佛	知	短	印	深	仔	觀	察	詳
13	7	8	8	12	6	11	5	25	14	13

辨 16

第五課

分 4

享 8

華 12

席 10

眉 9

悅 10

戲 17

獵 18

量 12

捕 10

捉 10

珍 9

晝 14

護 21

第六課

翁 10

撿 16

殼 12

字	筆畫
釣	11
技	7
術	11
露	21
羨	13
慕	15
竿	9
條	11
餐	16
肯	8

第七課

字	筆畫
僅	13
讀	22
吉	6
搶	13
舉	17
思	9
芳	8
處	11
楚	13

烈	鼓	掌	充	識
10	13	12	5	19

第八課

唐	百	欲	窮
10	6	11	15

千	里	目	即	將	消	求	絕	言	華
3	7	5	7	11	10	7	12	7	12

第九課

逛	捷	北	潮	異	類	擺	旅	童
11	11	5	15	11	19	18	10	12

第十課

科	漫	繪	離	穫	光	照	膀	咬
9	14	19	19	19	6	13	14	9

趕	餓	弱	甘	苦	雖	死	渴	嘴	合
14	15	10	5	9	17	6	12	16	6

第十一課

竹	熟	困	森	聰	萄	葡	狸	狐
6	15	7	12	17	12	13	10	8

法	瘦	頓	桶	究
8	15	13	11	11

第十二課

滴	癢	伯	萬
14	20	7	13

恆	耐	堅	硬	鋼	鐵	般	夢	嘲	懈
9	9	11	12	16	21	10	14	15	16

字詞拼音對照表

漢語拼音、通用拼音和英文解釋

課次	字詞	頁碼	漢語拼音	通用拼音	英文解釋
1	灰	2	hui	huei	dust, grey in color
	兔	2	tù	tù	rabbit
	盒	2	hé	hé	a box
	拔	2	bá	bá	to pull out
	根	2	gen	gen	roots
	情	2	qíng	cíng	personal affection, affair
	事情	2	shìqínq	shìhcíng	affair, matter, business
	傷	2	shang	shang	a wound, to hurt
	腦	2	nǎo	nǎo	the brain
	筋	2	jīn	jin	tendons
	腦筋	2	nǎojīn	nǎojin	the cranial nerves
	傷腦筋	2	shangnǎojīn	shangnǎojin	requires a lot of careful thinking
	題	3	tí	tí	subject
	問題	3	wèntí	wùntí	problem to be solved
	壞	3	huài	huài	bad
	習	3	xí	sí	habit, custom
	慣	3	guàn	guàn	habit, custom
	壞習慣	3	huàixíguàn	huàisíguàn	bad customs or habits
	正	3	zhèng	jhèng	right, proper, correct

課次	字詞	課文頁碼	漢語拼音	通用拼音	英文解釋
	改正	3	gǎizhèng	gǎijhèng	to correct
2	認	8	rèn	rèn	recognize
	認真	8	rènzhēn	rènjhen	earnest
	除	8	chú	chú	to exterminate, remove
	除了	8	chúle	chúle̊	besides
	津	8	jīn	jin	overflowing
	津津有味	8	jīnjīnyǒuwèi	jinjinyǒuwèi	appetizing, palatable
	講	8	jiǎng	jiǎng	speak, talk
	復	8	fù	fù	again, repeatedly
	復習	8	fùxí	fùsí	review
	育	8	yù	yù	education, to give birth
	體育	8	tǐyù	tǐyù	physical education
	扯	8	chě	chě	to pull
	扯鈴	8	chělíng	chělíng	pull the bell
	招	8	zhāo	jhao	one move in boxing
	圖	8	tú	tú	a picture
	圖形	8	túxíng	túsíng	portrait
	斷	8	duàn	duàn	to cut or break off, snap
	不斷	8	bú duàn	bú duàn	continuous
	練	8	liàn	liàn	to treat, to train
	練習	8	liànxí	liànsí	to train, practise
	拾	8	shí	shíh	to pick up, to gather order
	收拾	9	shōushí	shoushíh	put (room, objects) in

課次	字詞	課文頁碼	漢語拼音	通用拼音	英文解釋
3	兵	14	bīng	bing	military weapons, soldiers
	娃	14	wá	wá	a doll or pretty girl
	洋娃娃	14	wáwá	yángwáwá	a foreign doll
	布	14	bù	bù	cloth
	布丁	14	bù dīng	bù ding	pudding
	幕	14	mù	mù	session; cineĭ ma screen
	板	14	mùbǎn	bǎn	wooden board
	地板	14	dì bǎn	dì bǎn	wooden floor
	丟	14	dīu	diou	tolise; to throw
	主	14	zbǔ	jhǔ	master; to jead
	主人	14	zhǔ rén	jhǔ rén	the host
	雄	15	xióng	syóng	a hero; champion
	赳	15	jǐu	jiǒu	valiant; gallant
	昂	15	áng	áng	to raise
	昂昂	15	áng áng	áng áng	towering; proud in appearance
	脾	16	pí	pí	the pancreas, temperament
	脾氣	16	píqì	pícì	temperament
	摔	16	shuāi	shuai	to throw down, to trip
	醜	16	chǒu	chǒu	ugly
	惜	16	xí	sí	to love and care, to protect with care
	愛惜	16	àixí	àisí	to love and care
4	商	22	shāng	shang	commerce
	商人	22	shāngrén	shangrén	tradesman, businessman
	袋	22	dài	dài	bag

課_{ㄎㄜˋ}次_{ㄘˋ}	字_{ㄗˋ} 詞_{ㄘˊ}	課_{ㄎㄜˋ}文_{ㄨㄣˊ}頁_{ㄧㄝˋ}碼_{ㄇㄚˇ}	漢_{ㄏㄢˋ}語_{ㄩˇ}拼_{ㄆㄧㄣ}音_{ㄧㄣ}	通_{ㄊㄨㄥ}用_{ㄩㄥˋ}拼_{ㄆㄧㄣ}音_{ㄧㄣ}	英_{ㄧㄥ}文_{ㄨㄣˊ}解_{ㄐㄧㄝˇ}釋_{ㄕˋ}
	蜂_{ㄈㄥ}	22	fēng	fong	bee, wasp
	蜂_{ㄈㄥ}蜜_{ㄇㄧˋ}	22	fēngmì	fongmì	honey
	彷_{ㄈㄤˇ}	22	fǎng	fǎng	imitate, copy
	彿_{ㄈㄨˊ}	22	fú	fú	seem to
	彷_{ㄈㄤˇ}彿_{ㄈㄨˊ}	22	wǎnfú	wǎnfú	seem to
	短_{ㄉㄨㄢˇ}	22	duǎn	duǎn	short
	印_{ㄧㄣˋ}	22	yìn	yìn	a seal, any mark
	腳_{ㄐㄧㄠˇ}印_{ㄧㄣˋ}	22	jiǎoyìn	jiǎoyìn	foot print
	深_{ㄕㄣ}	22	shen	shen	deep, profound
	仔_{ㄗˇ}	23	zǐ	zǐh	careful
	仔_{ㄗˇ}細_{ㄒㄧˋ}	23	zǐxì	zǐhsì	careful
	觀_{ㄍㄨㄢ}	23	guān	guan	view, take a loot at
	察_{ㄔㄚˊ}	23	chá	chá	observe
	觀_{ㄍㄨㄢ}察_{ㄔㄚˊ}	23	guānchá	guanchá	to look into
	詳_{ㄒㄧㄤˊ}	23	xiáng	siáng	know in detail
	詳_{ㄒㄧㄤˊ}細_{ㄒㄧˋ}	23	xiángxì	siángsì	carful, complete
	辦_{ㄅㄢˋ}	23	bàn	bàn	to do, manage
5	分_{ㄈㄣ}	28	fēn	fen	time, separate
	享_{ㄒㄧㄤˇ}	28	xiǎng	sǎing	to enjoy
	分_{ㄈㄣ}享_{ㄒㄧㄤˇ}	28	fēnxiǎng	fensiǎng	share together
	華_{ㄏㄨㄚˊ}	28	húa	húa	china
	席_{ㄒㄧˊ}	28	xí	sí	a seat
	主_{ㄓㄨˇ}席_{ㄒㄧˊ}	28	zhǔxí	jhǔsí	chairman of meeting
	眉_{ㄇㄟˊ}	28	méi	méi	the eyebrows

fǎngfú

課次	字詞	課文頁碼	漢語拼音	通用拼音	英文解釋
	悅	28	yuè	yuè	to please, to like
	悅耳	28	yuèěr	yuèěr	please the ear
	戲	28	xì	sì	theater, theatrical shows
	遊戲	28	yóu xì	yóu sì	play, play games
	獵	28	liè	liè	to hunt, a hunt
	獵人	28	lièrén	lièrén	hunter
	量	29	liàng	liàng	to limit
	大量	29	dàliàng	dàliàng	in great quantities, in volume
	捕	29	bǔ	bǔ	catch
	捉	29	zhuō	jhuo	to catch
	捕捉	29	bǔzhuō	bǔjhuo	ditto
	珍	29	zhēn	jhen	rare, to cherish
	珍惜	29	zhenxí	jhensí	to cherish, love dearly
	盡	29	jìn	jìn	ro use up completeĭ ly, come to an end
	盡力	29	jìnlì	hìnlì	touse up completely
	護	29	hù	hù	take good care of
	愛護	29	àihù	ài hù	to cherish, suport and protect
6	翁	34	wēng	wong	an old man
	漁翁	34	yúwēng	yúwong	old fisherman
	撿	34	jiǎn	jiǎn	pick up
	殼	34	ké	ké	shell, outer shell
	貝殼	34	bèiké	bèiké	shell of shell animals
	釣	34	diào	diào	to fish

課次	字詞	課文頁碼	漢語拼音	通用拼音	英文解釋
	釣魚	34	diàoyú	diàoyú	to fish, angleas sport
	技	34	jì	jì	ability, skill
	術	34	shù	shù	a skill, an art
	技術	34	jìshù	jìshù	technique
	露	34	lù	lù	dew, to leak out
	露出	34	loùchū	lùchu	to show
	羨	34	xiàn	siàn	to admire, praise, cherish
	慕	34	mù	mù	admiration
	羨慕	34	xiànmù	siànmù	admire and envy
	竿	34	gān	gan	bamboo stem
	魚竿	34	yúgān	yúgan	a fishing rod
	條	34	tiáo	tiáo	a long piece, hard or soft
	餐	34	cān	can	a meal, dinner
	肯	35	kěn	kěn	be willing
	僅	35	jǐn	jǐn	only, solely
	不僅	35	bùjǐn	bùjǐn	not-only
7	讀	40	dú	dú	to read, to go to school
	讀書	40	dúshū	dúshu	read (a book)
	吉	40	jí	jí	good luck
	搶	40	qiǎng	ciǎng	to rob, loot, take by violence
	舉	40	jǔ	jyǔ	lift, hold up, raise
	舉手	40	jǔ shǒu	jyǔ shǒu	raise hand
	思	40	sī	sih	thought

課次	字詞	課文頁碼	漢語拼音	通用拼音	英文解釋
	意思	40	yì si	yìsih	opinion, meaning
	芳	40	fāng	fang	perfumed
	處	41	chù	chù	a place
	好處	41	hǎochù	hǎochù	good points
	楚	41	chǔ	chǔ	neat, clear
	清楚	41	qīngchǔ	cingchǔ	clear
	烈	41	liè	liè	violent, hot
	熱烈	41	rèliè	rèliè	warm, passionate
	鼓	41	gǔ	gǔ	a drum
	鼓掌	41	gǔjhǎng	gǔzhǎng	clap hands, applaud
	充	41	chōng	chong	to fill
	充實	41	chōngshí	chongshíh	solid, substantial, full
	識	41	shì	shìh	to know, knowledge
	知識	41	zhīshì	jhihshìh	knowledge
8	唐	46	táng	táng	name of Dyn
	唐詩	46	tángshī	tángshih	Tarng poems
	百	46	bǎi	bǎi	hundred
	欲	46	yù	yù	wish, want
	千	46	qian	cian	a thousand
	里	46	lǐ	lǐ	one eye
	目	46	mù	mù	the eye
	即	47	jí	jí	immediately
	將	47	jiāng	jiang	will

課次	字詞	課文頁碼	漢語拼音	通用拼音	英文解釋
	即將	47	jíjiāng	jíjiang	will soon, about to
	消	47	xīao	siao	to diminish, vanish
	消失	47	xīaoshī	siaoshih	be forgotten, to vanish
	求	47	qíu	cióu	to demand, to seek or look for
	追求	47	zhuīqíu	jhueicióu	seek after
	絕	48	júe	jyué	very, to end
	絕句	48	júejù	jyuéjyù	a poem with four lines to a stanza, each line consisting of five or seven
	言	48	yán	yán	speech, talk
9	逛	54	gùang	gùang	to stroll, saunter, visit
	捷	54	jié	jíe	fast, quick
	捷運	54	jíeyùn	jiéyùn	rapid transit
	北	54	běi	běi	the north, northern
	臺北	54	taíběi	táiběi	Taipei
	潮	54	cháo	cháo	tide, stream of events
	異	54	yì	yì	different
	異口同聲	54	yìkǒutóngshēng	yìkǒutóngsheng	all agree
	類	55	lèi	lèi	class or kind
	分類	55	fēnlèi	fenlèi	classify
	擺	55	bǎi	bǎi	arrange, set in order
	旅	55	lǔ	lyǔ	to travel
	旅遊	55	lǔyóu	lyǔyóu	to travel
	童	55	tóng	tóng	child
	兒童	55	értóng	értóng	child

課次	字詞	課文頁碼	漢語拼音	通用拼音	英文解釋
	科	55	ke	ke	class, branch of study
	科學	55	kexúe	kesyué	science
	漫	55	màn	màn	to flood
	漫畫	55	mànhùa	mànhuà	cartoon, caricature
	繪	55	hùi	huèi	to draw pictures
	離	55	lí	lí	separate, leave
	離開	55	líkāi	líkai	separate, leave
	穫	55	huò	huò	harvest
	收穫	55	huò	shouhuò	harvest
10	光	60	guāng	guang	light
	陽光	60	yángguāng	yángguang	sunlight
	照	60	zhào	jhào	to shine, photograph
	膀	60	bǎng	bǎng	the arm
	翅膀	60	chìbǎng	chìhbǎng	wing of birds
	咬	60	yǎo	yǎo	to bite
	合	60	hé	hé	to close
	嘴	61	zǔi	zuěi	mouth
	渴	61	kě	kě	thirsty
	死	61	sǐ	sǐh	to die
	雖	61	suī	suei	although
	雖然	61	ránsulī	sueirán	although
	苦	61	kǔ	kǔ	bitter
	痛苦	61	tòngkǔ	tòngkǔ	painful, causing suffering

課次	字詞	課文頁碼	漢語拼音	通用拼音	英文解釋
	甘	61	gān	gan	sweet
	弱	61	rùo	ruò	weak
	不甘	61	bùgān	bùgan	unwilling
	示弱	61	shìruò	shìhruò	show one weakness lack of courage
	餓	61	è	è	hungry, starved
	趕	61	gǎn	gǎn	qulckly
	趕快	61	gǎn kuài	gǎn kuài	swiftly, quickly
11	狐	66	hú	hú	a fox
	狸	66	lí	lí	a fox
	狐狸	66	húlí	húlí	a fox
	葡	66	pú	pú	grapes
	萄	66	táo	táo	grapes
	葡萄	66	pútáo	pútáo	grapes
	聰	66	cōng	cong	sharp of hearing, bright
	聰明	66	cōngmíng	congmíng	clever
	森	66	sēn	sen	forest, dark
	森林	66	sēnlín	senlín	forest
	困	66	kùn	kùn	to surround, hard pressed
	困難	66	kùnnán	kùnnán	difficult
	熟	66	shú	shóu	cooked
	成熟	66	chéngshú	chéngshoú	mature
	竹	66	zhú	jhú	bamboo
	籬笆	66	zíbā	líba	hedgerow of underbrush or bamboo

課次	字詞	課文頁碼	漢語拼音	通用拼音	英文解釋
	法	66	fǎ	fǎ	method, way
	無法	66	wúfǎ	wúfǎ	have no regard for laws
	瘦	67	shòu	shòu	thin, emaciated
	頓	67	dùn	dùn	what takes place at on time
	桶	67	tǒng	tǒng	wooden pail, container
	竟	67	jìng	jìng	to finish, to one's surprise
	竟然	67	jìngrán	jìngrán	to one's surprise,with senseof "how one dares"
12	簷	72	yán	yán	the eaves
	屋簷	72	wuyán	wuyán	eaves
	癢	72	yǎng	yǎng	an itch, to itch
	抓癢	72	zhūayǎng	jhuayǎng	scratch an itch
	伯	72	bó	bó	elder brother of father
	伯伯	72	bóbo	bóbo̊	address for elder brother of father
	萬	72	wàn	wàn	ten thousand
	千萬	72	qīanwàn	cianwàn	ten million
	恆	72	héng	héng	lasting, enduring
	恆心	72	héngxīn	héngsin	persistence, conǐ strancy of purpose
	耐		nài	nài	patient or tolerant
	堅	72	jīan	jian	solid, strong
	硬	72	yìng	yìng	hard
	堅硬	72	jianyìng	jianyìng	strong and tough
	鋼	72	gāng	gang	steel
	鐵	72	tiě	tiě	iron

附錄

課次	字詞	課文頁碼	漢語拼音	通用拼音	英文解釋
	鋼鐵	72	gāngtiě	gangtiě	steel and iron
	般	72	bān	ban	class, tape, way
	一般	72	yìbān	yì	alike
	夢	72	mèng	mèng	to dream
	作夢	72	zuòmèng	zùomèng	to dream, give free rein to one's imagination
	嘲	72	cháo	cháo	to sneer at, jeer
	嘲笑	72	cháo xlào	cháo siào	to ridicule
	懈	73	siè	xiè	to relax
	努力不懈	73	nǔlìbúxiè	nǔlìbúsiè	strive without cease

國家圖書館出版品預行編目資料

全新版華語：課本／蘇月英等著. --臺初版.
--臺北縣新店市：流傳文化, 民93-
冊；　公分
ISBN 986-7397-02-9（第6冊：平裝）

1. 中國語言 - 讀本

802.85　　　　　　　　　　93003024

【全新版】華語第六冊

總 主 編：蘇月英
編撰委員：蘇月英、李春霞、胡曉英、詹月現、蘇　蘭
吳建衛、夏婉雲、鄒敦怜、林麗麗、林麗眞
指導委員：信世昌、林雪芳
總 編 輯：張瀞文
責任編輯：胡琬瑜
插　　畫：朱美靜、罐頭魚、蘇傳宗、鍾燕貞、張河泉、卓昆峰、雷雷
美術設計：陳美霞
發 行 人：曾高燦
出版發行：流傳文化事業股份有限公司
地　　址：臺北縣 (231) 新店市復興路 43 號 4 樓
電　　話：(02)8667-6565
傳　　眞：(02)2218-5221
郵撥帳號：19423296
http://www.ccbc.com.tw
E-mail:service@ccbc.com.tw
香港分公司◎集成圖書有限公司－香港皇后大道中283號聯威商業中心8字樓C室
TEL：(852)23886172-3 · FAX：(852)23886174
美國辦事處◎中華書局－135-29 Roosevelt Ave. Flushing, NY 11354 U.S.A.
TEL：(718)3533580 · FAX：(718)3533489
日本總經銷◎光儒堂－東京都千代田區神田神保町一丁目五六番地
TEL：(03)32914344 · FAX：(03)32914345

出版日期：西元 2004 年 11 月臺初版（50038）
西元 2006 年 3 月臺初版五刷
印　　刷：世新大學出版中心

分類號碼：802.85.021
ISBN 986-7397-02-9

定　　價：120 元

su cell
505 5384